AF188552

Impressum
Verlag: BABADADA GmbH, Nedderfeld 112 , 22529 Hamburg
Geschäftsführer / Verlagsleitung: Harald Hof
Druck: Books on Demand GmbH, In de Tarpen 42, 22848 Norderstedt

Imprint
Publisher: BABADADA GmbH, Nedderfeld 112 , 22529 Hamburg, Germany
Managing Director / Publishing direction: Harald Hof
Print: Books on Demand GmbH, In de Tarpen 42, 22848 Norderstedt

escuela

escola

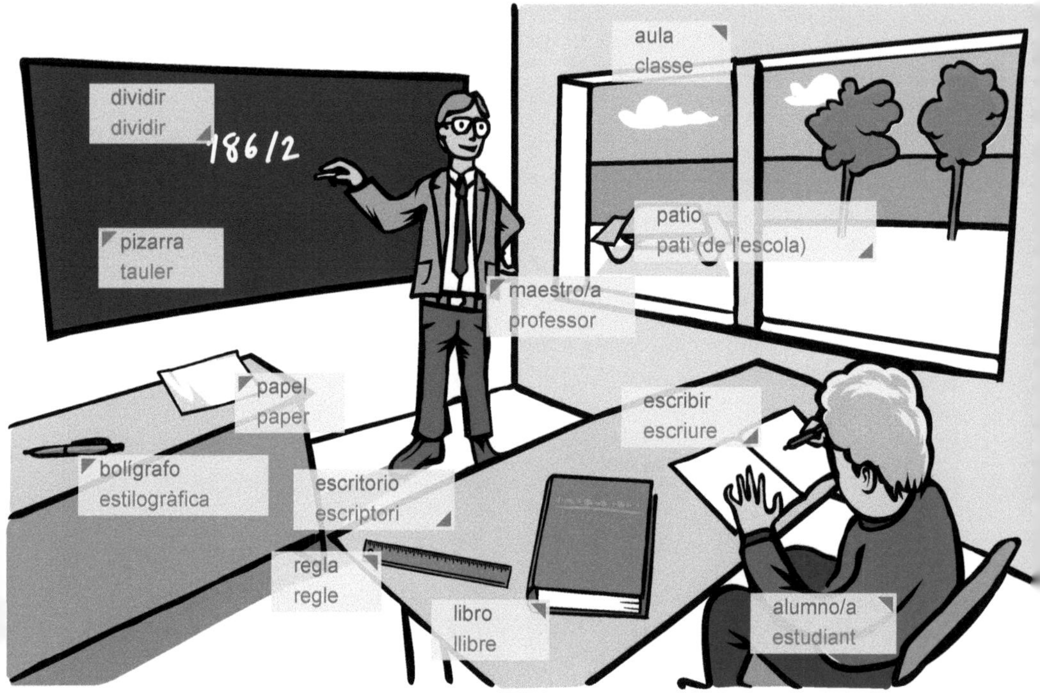
aula
classe
dividir
dividir
186/2
pizarra
tauler
patio
pati (de l'escola)
maestro/a
professor
papel
paper
escribir
escriure
bolígrafo
estilogràfica
escritorio
escriptori
regla
regle
libro
llibre
alumno/a
estudiant

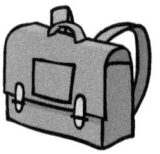

cartera

bossa

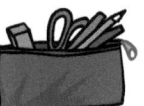

caja de lápices

estoig

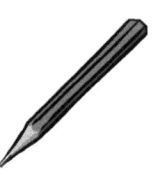

lápiz

llapis

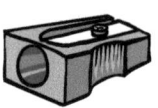

sacapuntas

maquineta de fer punta

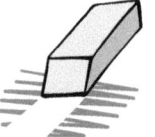

goma de borrar

goma

cuaderno de dibujo

bloc de dibuix

dibujo

dibuix

pincel

pinzell

caja de pinturas

capsa de pintures

tijeras

tisores

pegamento

cola

cuaderno de ejercicios

quadern d'exercicis

deberes

deures

número

nombre

2+2

sumar

afegir

5-2

restar

sostreure

multiplicar

multiplicar

calcular

calcular

letra

lletra

ABCDEFG
HIJKLMN
OPQRSTU
VWXYZ

alfabeto

alfabet

palabra

mot

texto

text

leer

llegir

tiza

guix

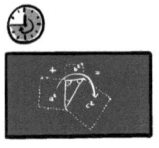

lección

lliçó

cuaderno de notas

llibre de classe

examen

examen

certificado

certificat

uniforme escolar

uniforme escolar

educación

formació

enciclopedia

enciclopèdia

universidad

universitat

microscopio

microscopi

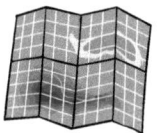

mapa

mapa

papelera

paperera

viaje
viatge

hotel
hotel
albergue
alberg
ROOMS
Grand
EXCHANGE
oficina de cambio de divisas
oficina de canvi
maleta
maleta
coche
automòbil

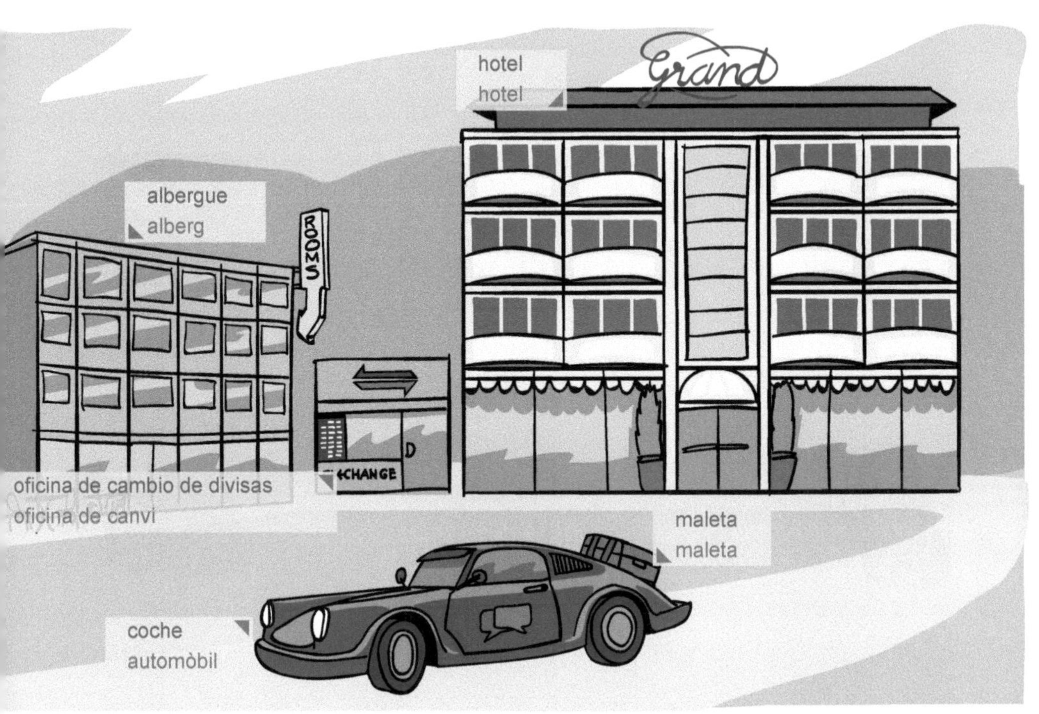

idioma

llengua

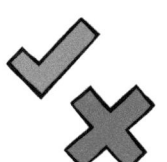

sí / no

sí / no

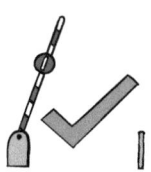

Vale

D'acord

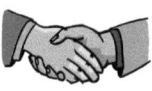

hola

Ey!

traductor

traductora

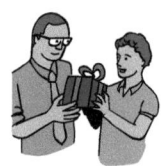

Gracias

gràcies

¿cuánto es…?

Quant costa… ?

No entiendo

No entenc

problema

problema

¡Buenas tardes!

Bona nit!

¡Buenos días!

bon dia!

¡Buenas noches!

bona nit!

adiós

fins aviat

dirección

direcció

equipaje

bagatge

bolsa

bossa

mochila

sarrona

invitado

convidat

habitación

cambra

saco de dormir

sac de dormir

tienda de campaña

tenda

información turística

oficina de turisme

playa

platja

tarjeta de crédito

carta de crèdit

desayuno

esmorzar

almuerzo

dinar

cena

sopar

billete

bitllet

ascensor

ascensor

sello

segell

frontera

frontera

aduana

duana

embajada

ambaixada

visa

visat

pasaporte

passaport

transporte
transport

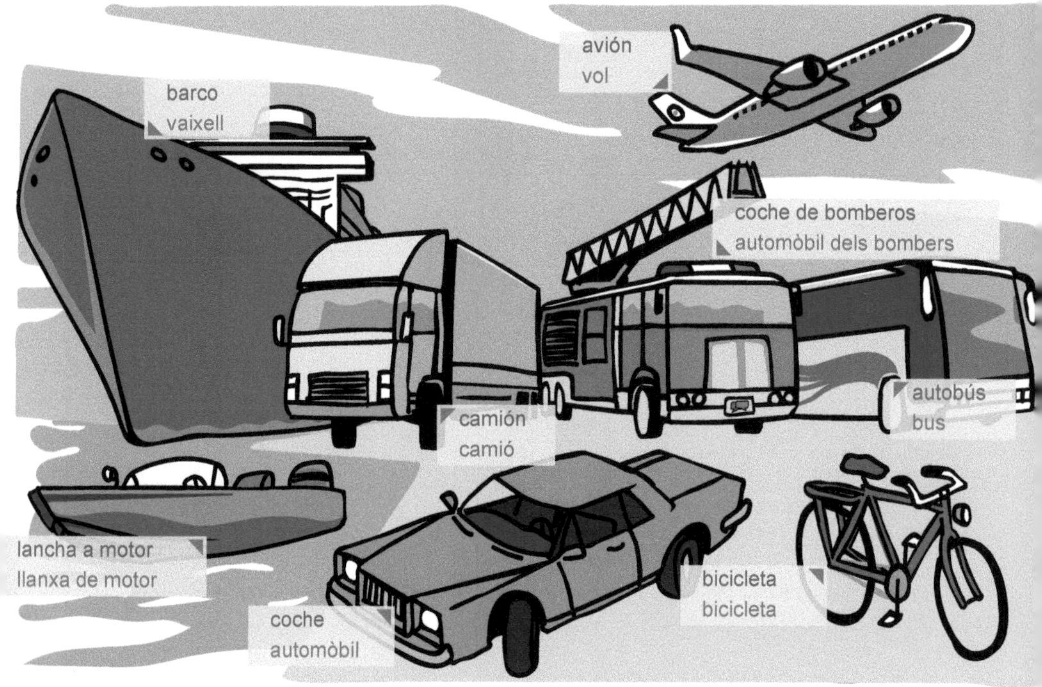
avión
vol
barco
vaixell
coche de bomberos
automòbil dels bombers
camión
camió
autobús
bus
lancha a motor
llanxa de motor
bicicleta
bicicleta
coche
automòbil

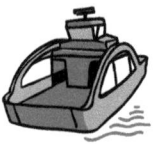

transbordador

transbordador

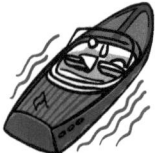

barca

barca

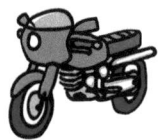

moto

moto

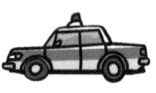

coche de policía

automòbil de policia

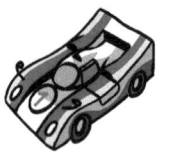

coche de carreras

automòbil de curses

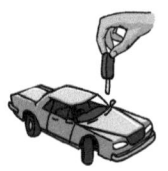

coche de alquiler

automòbil de lloguer

préstamo de vehículos

vehicle compartit

grúa

grua

camión de la basura

camió de les escombraries

motor

motor

gasolina

benzina

gasolinera

benzineria

señal de tráfico

senyal de trànsit

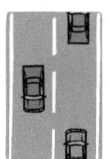

tráfico

trànsit

atasco

embús

aparcamiento

aparcament

estación de tren

estació de trens

vías

vies

tren

tren

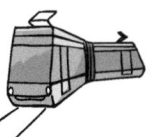

tranvía

tramvia

vagón

vagó

helicóptero

helicòpter

aeropuerto

aeroport

torre

torre

pasajero

passatger

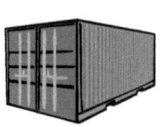

contenedor

contenidor

caja de cartón

capsa de cartó

carretilla

carretó

cesta

cistella

despegar / aterrizar

enlairar-se / aterrar

ciudad

ciutat

pueblo

poble

centro de ciudad

centre de la ciutat

casa

casa

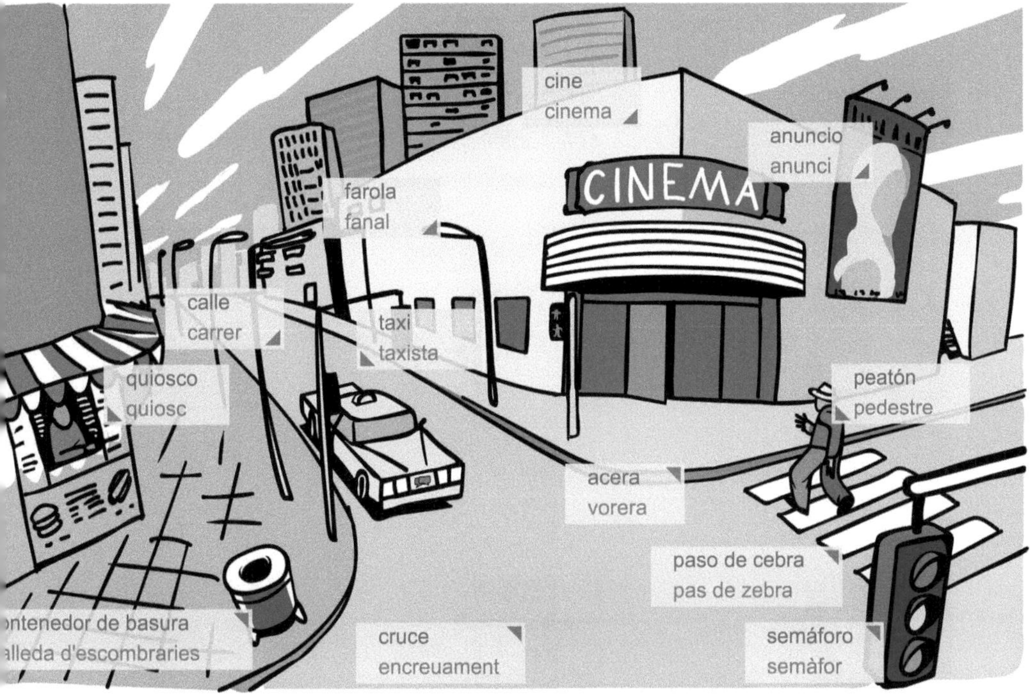

cine
cinema

anuncio
anunci

farola
fanal

calle
carrer

taxi
taxista

peatón
pedestre

quiosco
quiosc

acera
vorera

paso de cebra
pas de zebra

ntenedor de basura
alleda d'escombraries

cruce
encreuament

semáforo
semàfor

cabaña
cabana

apartamento
apartament

estación de tren
estació de trens

ayuntamiento
casa de la vila-ciutat

museo
museu

escuela
escola

universidad

universitat

banco

banca

hospital

hospital

hotel

hotel

farmacia

farmàcia

oficina

oficina

librería

llibreria

tienda

botiga

floristería

floristeria

supermercado

supermercat

mercado

mercat

grandes almacenes

gran magatzem

pescadería

peixateria

centro comercial

centre comercial

puerto

port

parque

parc

banco

banc

puente

pont

escaleras

escala

metro

metro

túnel

túnel

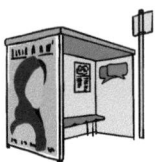

parada de autobús

parada d'autobús

bar

bar

restaurante

restaurant

buzón

bústia de correu

poste indicador

senyal indicador

parquímetro

parquímetre

zoo

zoo

piscina

piscina

mezquita

mesquita

granja
granja

contaminación
pol·lució

cementerio
cementiri

iglesia
església

patio de juego
parc infantil

templo
temple

paisaje
paisatge

hoja
fulla

señal
cartell indicador

camino
camí

prado
prat

piedra
pedra

excursionista
excursionista

árbol
arbre

río
riu

hierba
gespa

flor
flor

valle

vall

colina

muntanya

lago

llac

bosque

bosc

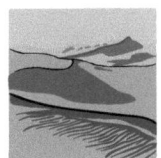

desierto

desert

volcán

volcà

castillo

castell

arcoíris

arc de Sant Martí

champiñón

bolet

palmera

palmera

mosquito

moscard

mosca

mosca

hormiga

formiga

abeja

abella

araña

aranya

escarabajo

escarabat

rana

granota

ardilla

esquirol

erizo

eriçó

liebre

llebre

lechuza

òliba

pájaro

ocell

cisne

cigne

jabalí

senglar

ciervo

cervo

alce

ant

presa

presa

turbina eólica

turbina

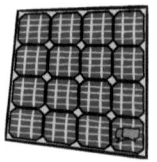

panel solar

panell solar

clima

clima

restaurante
restaurant

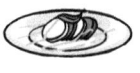

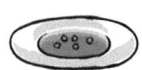

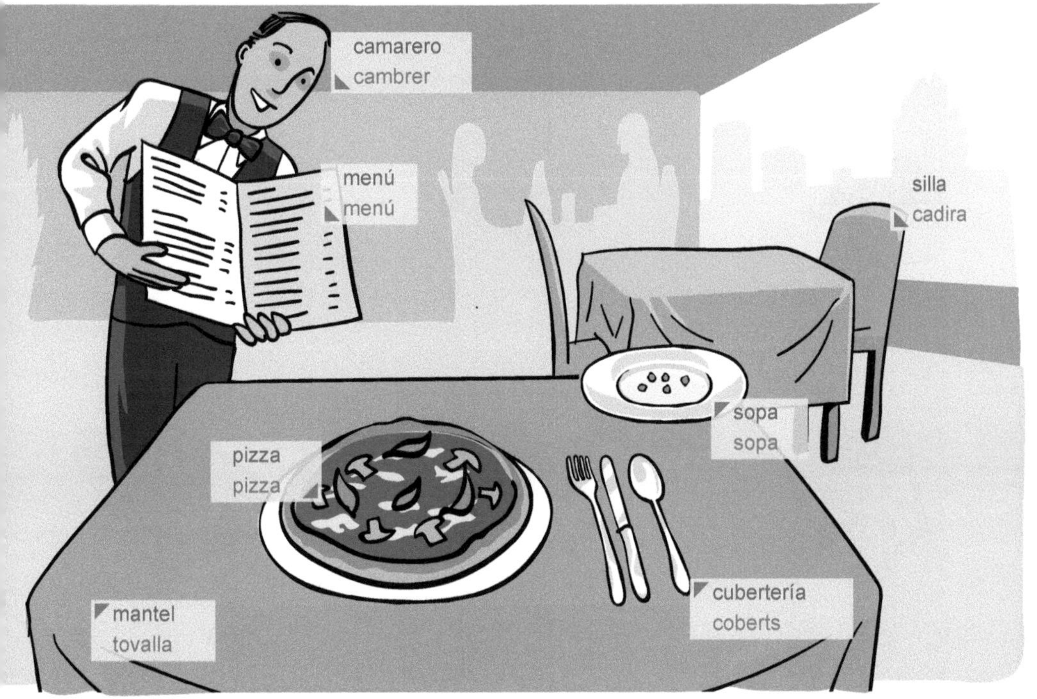
camarero
cambrer
menú
menú
silla
cadira
sopa
sopa
pizza
pizza
cubertería
coberts
mantel
tovalla

primer plato

primer plat

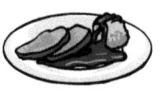

plato principal

plat principal

postre

darreries

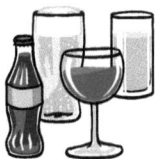

bebidas

begudes

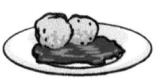

comida

menjar

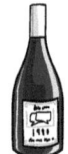

botella

ampolla

comida rápida

menjar ràpid

comida callejera

menjar de carrer

tetera

tetera

azucarero

sucrer

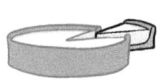

porción

porció

cafetera expreso

màquina d'espresso

trona

trona

cuenta

factura

bandeja

plata

cuchillo

ganivet

tenedor

forqueta

cuchara

cullera

cucharilla

cullereta

servilleta

tovalló

vaso

got

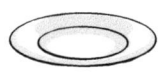

plato

plat

plato hondo

plat de sopa

platillo

plateret

salsa

salsa

salero

saler

molinillo de pimienta

molinet de pebre

vinagre

vinagre

aceite

oli

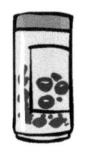

especias

espècies

ketchup

quètxup

mostaza

mostassa

mayonesa

maionesa

supermercado
supermercat

oferta especial
oferta especial
FOR
cliente
client
lácteos
productes lactis
fruta
fruites
carro de la compra
carret de la compra

BUTCHERS

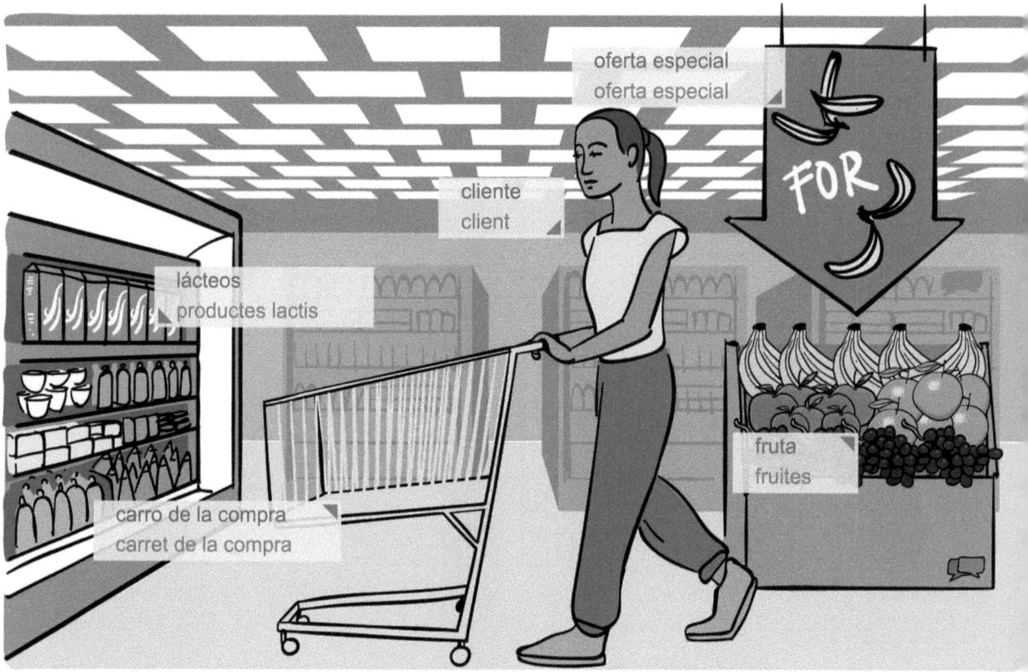

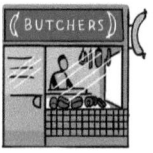

carnicería

carnisseria

BAKERY

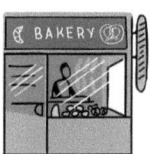

panadería

forn de pa

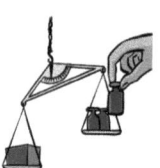

pesar

pesar

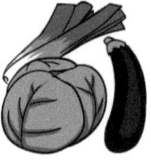

verduras

verdures

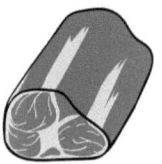

carne

carn

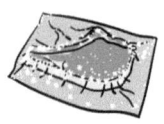

alimentos congelados

menjar congelat

fiambres

carn freda

conservas

conserves

detergente en polvo

detergent en pols

dulces

dolços

productos de uso doméstico

articles domèstics

productos de limpieza

productes de neteja

vendedora

venedora

caja

caixa registradora

cajero

caixera

lista de la compra

llista de la compra

horario de atención al público

horari d'obertura

cartera

portamonedes

tarjeta de crédito

carta de crèdit

bolsa

bossa

bolsa de plástico

bossa de plàstic

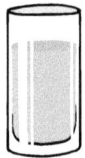

agua

aigua

zumo

suc

leche

llet

cola

coca-cola

vino

vi

cerveza

cervesa

alcohol

alcohol

cacao

cacau

té

te

café

cafè

expreso

espresso

capuchino

cappuccino

plátano
banana

manzana
poma

naranja
taronja

melón
síndria

limón
llimona

zanahoria
pastanaga

ajo
all

bambú
bambú

cebolla
ceba

champiñón
bolet

avellanas
avellanes

fideos
fideus

espagueti

espaguetis

arroz

arròs

ensalada

amanida

patatas fritas

patates fregides

patatas fritas

patates fregides

pizza

pizza

hamburguesa

hamburguesa

sándwich

entrepà

filete

escalopa

jamón

cuixot

salami

salami

salchicha

salsitxa

pollo

pollastre

asado

rostit

pescado

peix

copos de avena

flocs de civada

muesli

musli

copos de maíz

cereals

harina

farina

cruasán

croissant

panecillo

panet

pan

pa

tostada

torrada

galletas

bescuits

mantequilla

mantega

cuajada

mató

pastel

pastís

huevo

ou

huevo frito

ou fregit

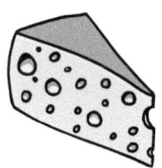

queso

formatge

helado
gelat

azúcar
sucre

miel
mel

mermelada
melmelada

crema de turrón
crema de xocolata

curry
curri

granja

granja

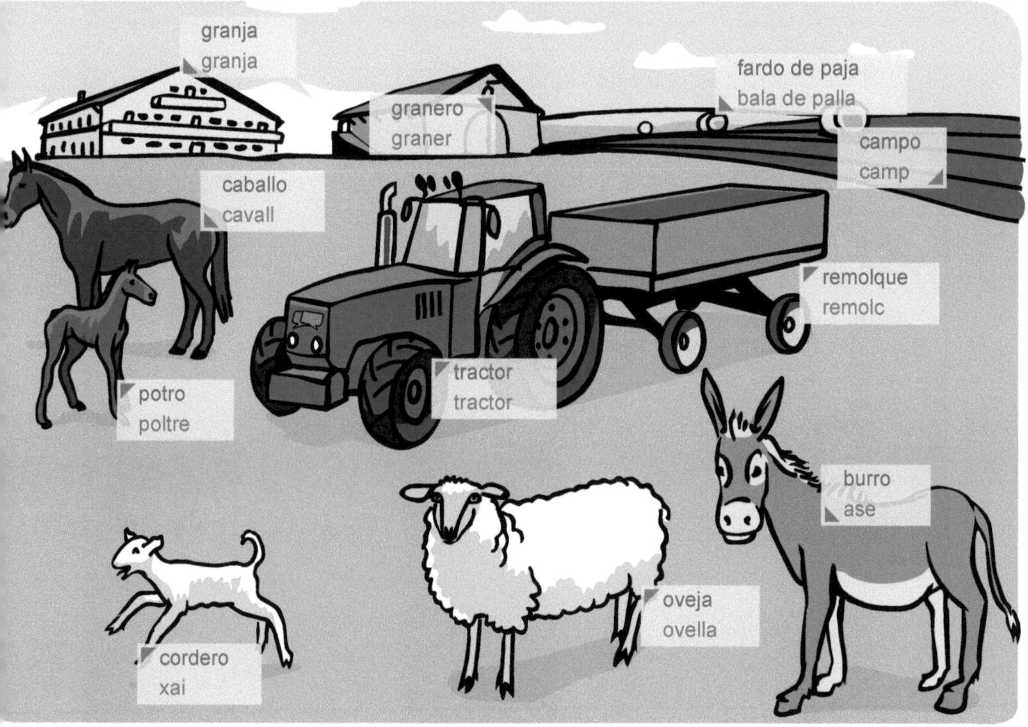
granja
granja
granero
graner
fardo de paja
bala de palla
campo
camp
caballo
cavall
remolque
remolc
potro
poltre
tractor
tractor
burro
ase
oveja
ovella
cordero
xai

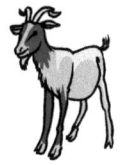

cabra
cabra

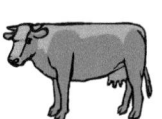

vaca
vaca

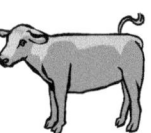

ternero
vedella

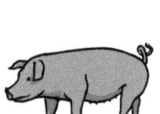

cerdo
porc

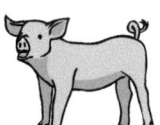

cerdito
garrí

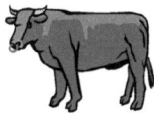

toro
bou

ganso
oca

pollo
poll

gallina
gall

gallo
gallina

rata
rata

gato
gat

ratón
ratolí

buey
bou

perro
gos

perrera
gossera

manguera
mànega de regar

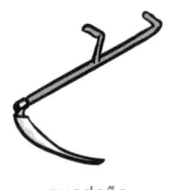

regadera
regadora

guadaña
dalla

arado
arada

pato
ànec

hoz

falç

azada

aixada

horca

forca

hacha

destral

carretilla

carretó

abrevadero

abeurador

lechera

lletera

saco

sac

valla

tanca

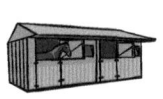

establo

establa

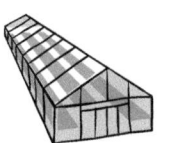

invernadero

hivernacle

suelo

sòl

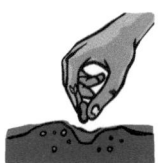

semilla

llavor

fertilizador

adob

cosechadora

collidora

cosechar

collir

cosecha

collita

ñame

nyam

trigo

blat

soja

soja

patata

patata

maíz

blat de moro o d'indi

semilla de colza

colza

árbol frutal

arbre fruiter

mandioca

mandioca

cereales

cereals

casa

casa

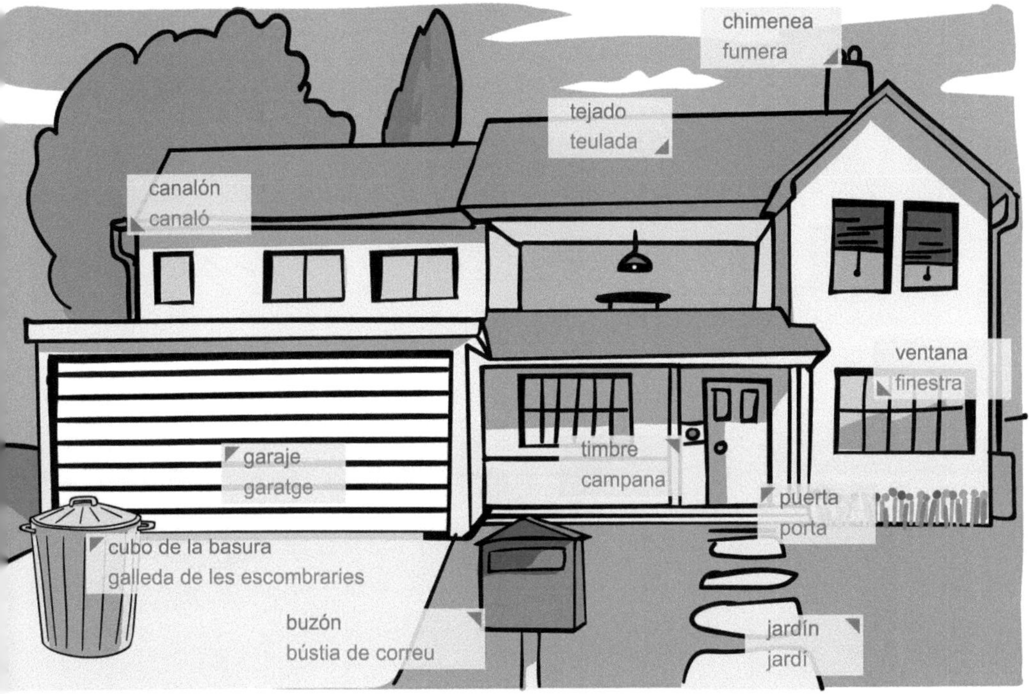
chimenea
fumera
tejado
teulada
canalón
canaló
ventana
finestra
garaje
garatge
timbre
campana
puerta
porta
cubo de la basura
galleda de les escombraries
buzón
bústia de correu
jardín
jardí

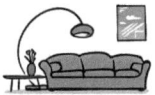

sala

sala d'estar

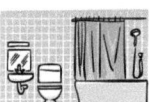

cuarto de baño

bany

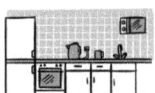

cocina

cuina

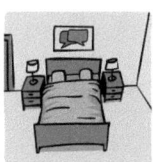

dormitorio

cambra de dormir

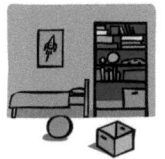

habitación de los niños

cambra de nen

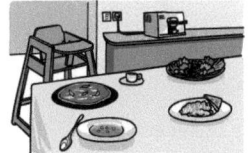

comedor

menjador

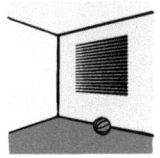

suelo
sòl

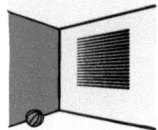

pared
paret

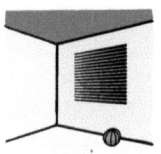

techo
sostre

sótano
soterrani

sauna
sauna

balcón
balcó

terraza
terrassa

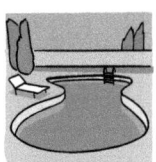

piscina
piscina

cortacésped
tallagespa

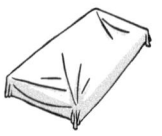

sábana
vànova

colcha
cobrellit

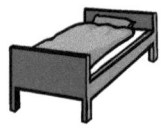

cama
llit

escoba
escombra

balde
galleda

interruptor
interruptor

sala

sala d'estar

papel pintado
paper de paret
imagen
quadre
lámpara
làmpada
estante
prestatge
armario
armari
televisión
televisor
chimenea
escalfapanxes
flor
flor
cojín
coixí
sofá
sofà
jarrón
gerro
mando a distancia
telecomanda

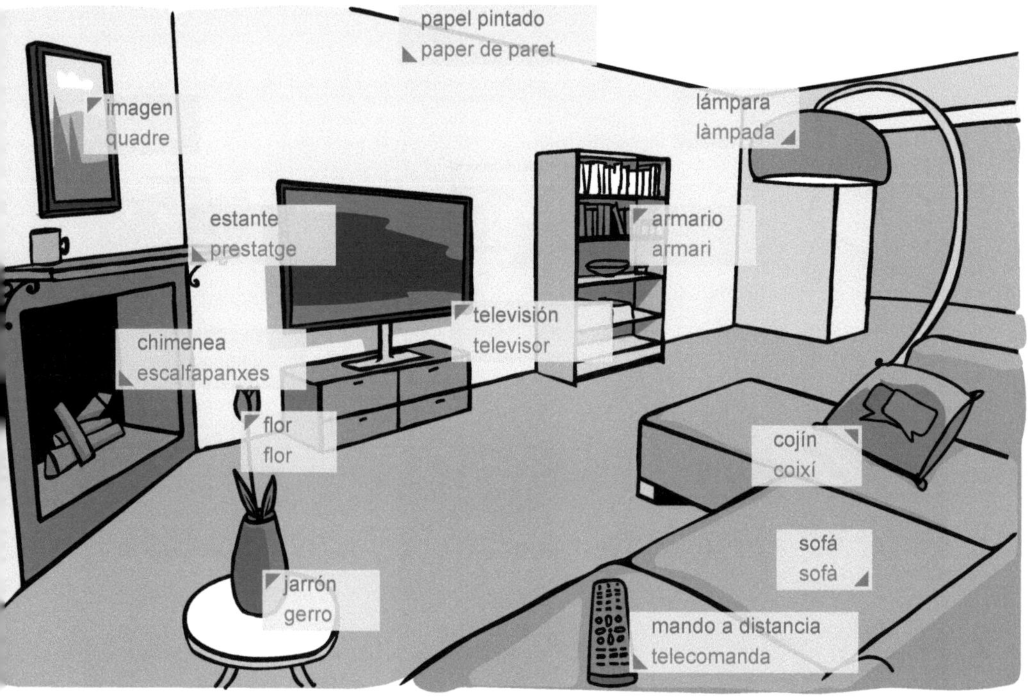

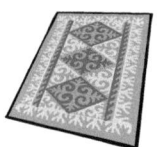

alfombra

catifa

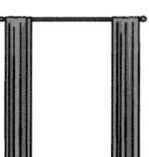

cortina

cortina

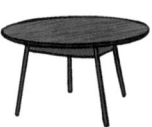

mesa

taula

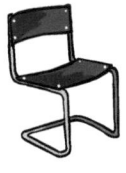

silla

cadira

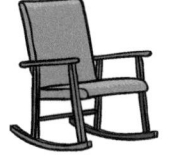

mecedora

cadira gronxadora

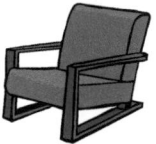

butaca

cadiral

libro
llibre

manta
llençol

decoración
decoració

leña
llenya

película
film

equipo de música
cadena de música

llave
clau

periódico
diari

pintura
pintura

póster
cartell

radio
ràdio

cuaderno
bloc de notes

aspiradora
aspiradora

cactus
cactus

vela
candela

cocina
cuina

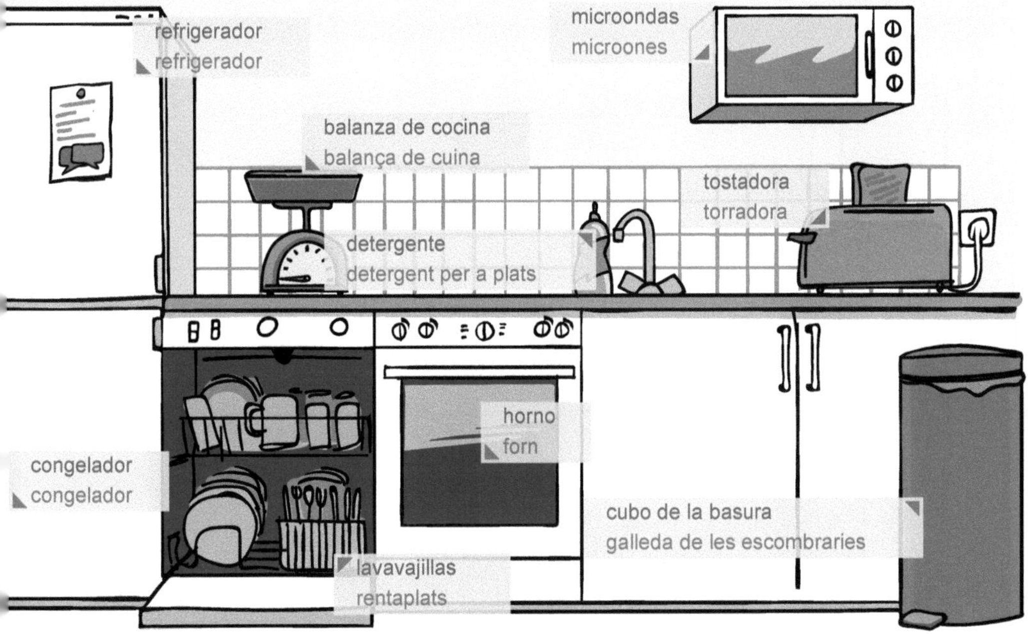
refrigerador
refrigerador
microondas
microones
balanza de cocina
balança de cuina
tostadora
torradora
detergente
detergent per a plats
horno
forn
congelador
congelador
cubo de la basura
galleda de les escombraries
lavavajillas
rentaplats

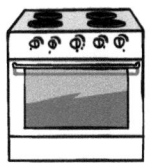

olla a presión
cuina de fogons

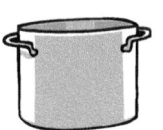

olla
olla

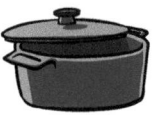

olla de hierro fundido
olla de ferro colat

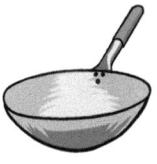

wok / karahi
wok / karahi

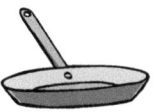

cazuela
paella

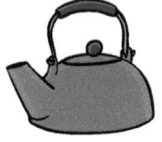

hervidor
bullidor

vaporera

olla de vapor

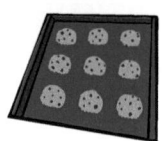

chapa de horno

plata de forn

vajilla

vaixella

taza

tassa grossa

tazón

bol

palillos

bastonets xinesos

cucharón

culler

espumadera

espàtula

batidor

batedor

colador

colador

cedazo

sedàs

rallador

ratllador

mortero

morter

barbacoa

barbacoa

hoguera

foc a terra

tabla de picar

taula de tallar

rodillo

corró

sacacorchos

llevataps

lata

pot de conserva

abrelatas

obridor

agarrador

agafador

lavabo

aigüera

cepillo

raspall

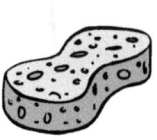

esponja

esponja

batidora

batedora

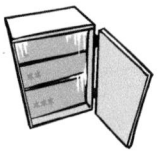

congelador

congelador

biberón

biberó

grifo

aixeta

cuarto de baño

bany

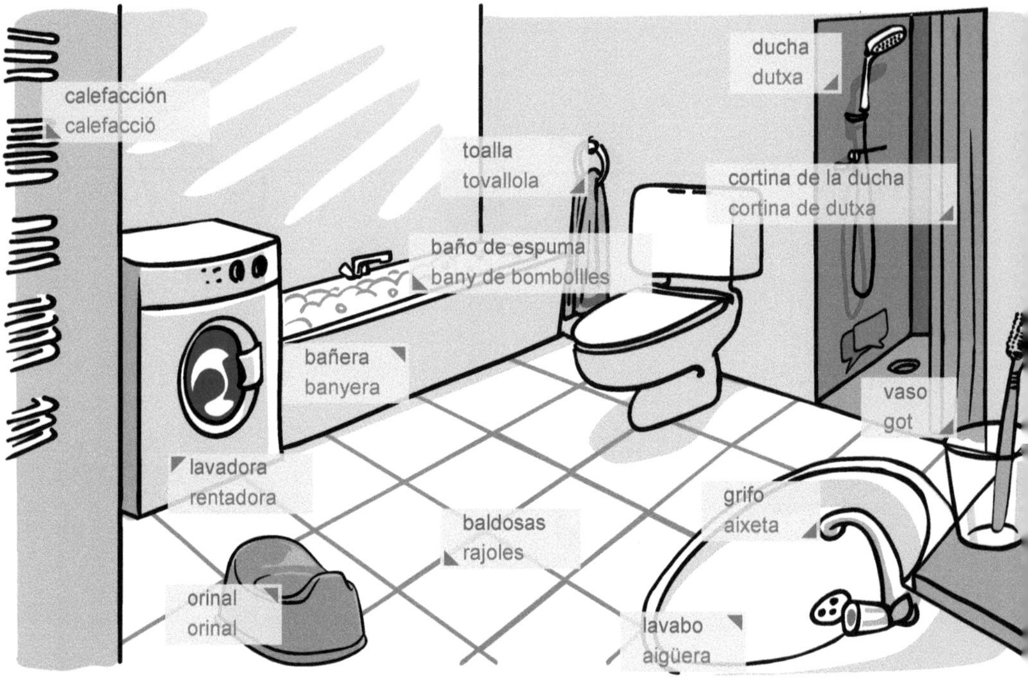
calefacción
calefacció
toalla
tovallola
ducha
dutxa
cortina de la ducha
cortina de dutxa
baño de espuma
bany de bombolles
bañera
banyera
vaso
got
lavadora
rentadora
grifo
aixeta
baldosas
rajoles
orinal
orinal
lavabo
aigüera

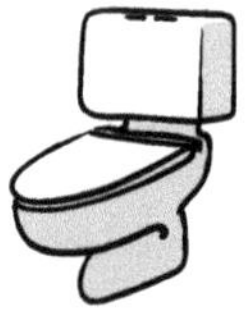

inodoro

lavabo

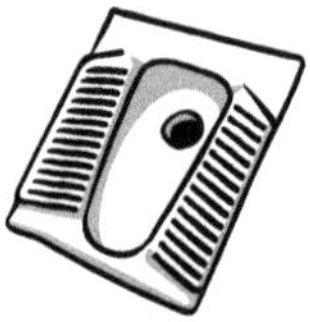

inodoro rústico

lavabo turc

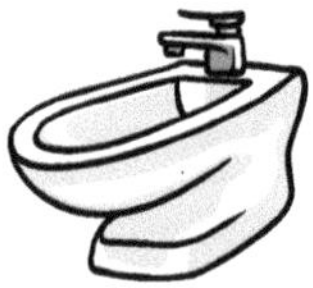

bidé

bidet

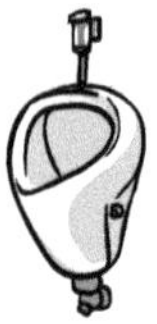

urinario

orinador

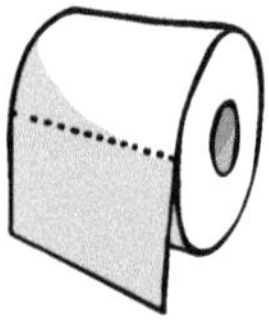

papel higiénico

paper higiènic

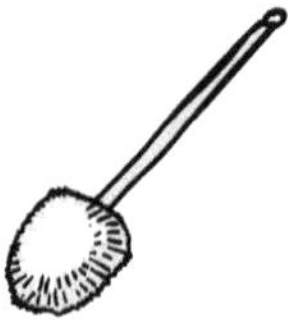

escobilla del váter

escombreta de sanitari

cepillo de dientes
raspall de dents

pasta de dientes
pasta de dents

hilo dental
fil dental

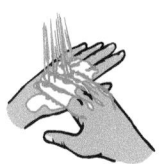
lavar
rentar

ducha de mano
pom de dutxa

ducha íntima
dutxa íntima

pila
rentamans

cepillo de espalda
raspall per a l'esquena

jabón
sabó

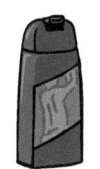
gel de ducha
gel de dutxa

champú
xampú

toallita
manyopla de bany

desagüe
bonera

crema
crema

desodorante
desodorant

espejo
....
mirall

espejo de tocador
....
mirall-espill de mà

maquinilla de afeitar
....
maquineta de rasar

espuma de afeitar
....
espuma de barbejar

loción postafeitado
....
loció post-rasada

peine
....
pinta

cepillo
....
raspall

secador
....
eixugador

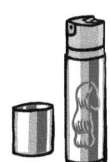

laca
....
laca

maquillaje
....
maquillatge

pintalabios
....
pintallavis

pintauñas
....
esmalt d'ungles

algodón
....
cotó

cortauñas
....
tallaungles

perfume
....
perfum

cuarto de baño - bany

estuche de viaje

estoig de bellesa

banqueta

tamboret

balanza

bàscula

albornoz

barnús

guantes de goma

guants de goma

tampón

compresa higiènica

compresa

compresa

inodoro químico

sanitari químic

habitación de los niños

cambra de nen

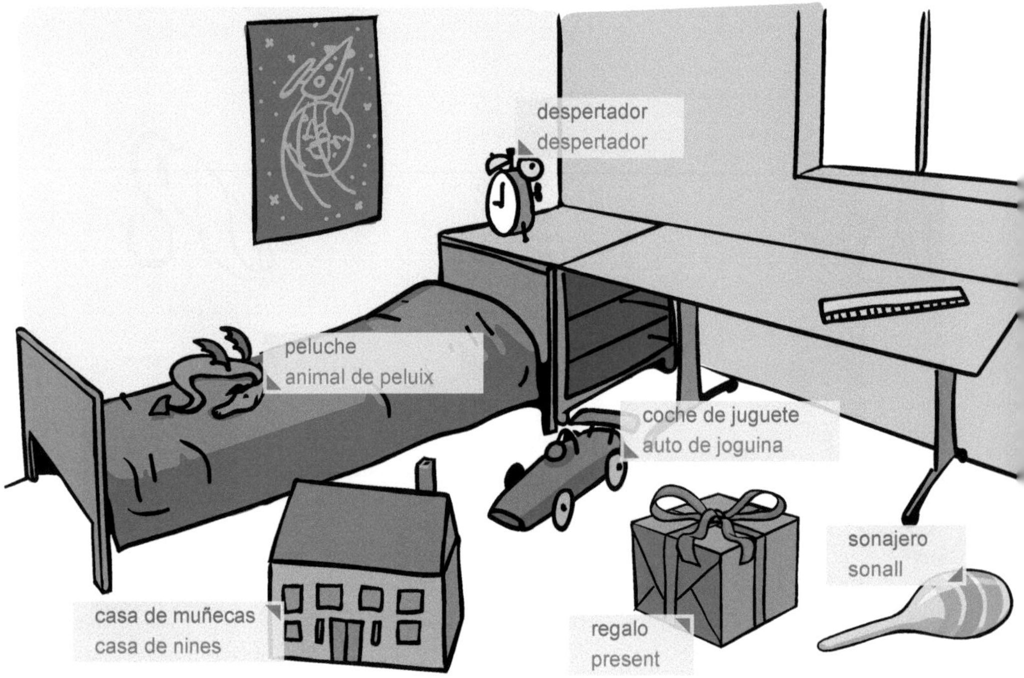

despertador
despertador
peluche
animal de peluix
coche de juguete
auto de joguina
sonajero
sonall
casa de muñecas
casa de nines
regalo
present

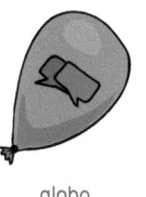

globo

balό

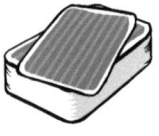

cama

llit

coche de niño

cotxet per a nens

naipes

joc de cartes

puzle

trencaclosca

SUPER
MEGA

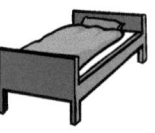

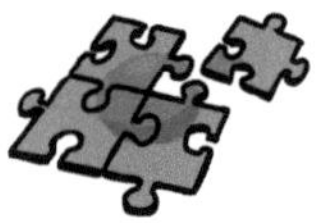

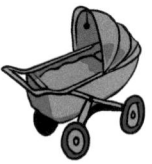

tebeo

historieta

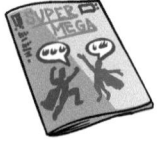

piezas de lego

peces de lego

bloques de juguete

peces de construcció

figura de acción

ninot d'acció

bodi (de bebé)

granota

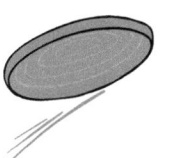

frisbee

frisbee

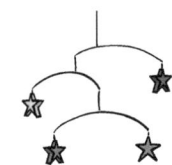

colgador móvil para bebés

mòbil per a bressol

juego de mesa

joc de taula

dados

daus

circuito de tren eléctrico

tren elèctric

maniquí

xumet

fiesta

festa

álbum de fotos

llibre de dibuixos

pelota

pilota

muñeca

nina

jugar

jugar

cajón de arena
....
sorrera

columpio
....
gronxador

juguetes
....
joguines

videoconsola
....
consola de jocs de vídeo

triciclo
....
tricicle

oso de peluche
....
osset de peluix

guardarropa
....
armari

ropa

roba

calcetines
....
mitjons

medias
....
mitges

leotardos
....
mitja pantaló

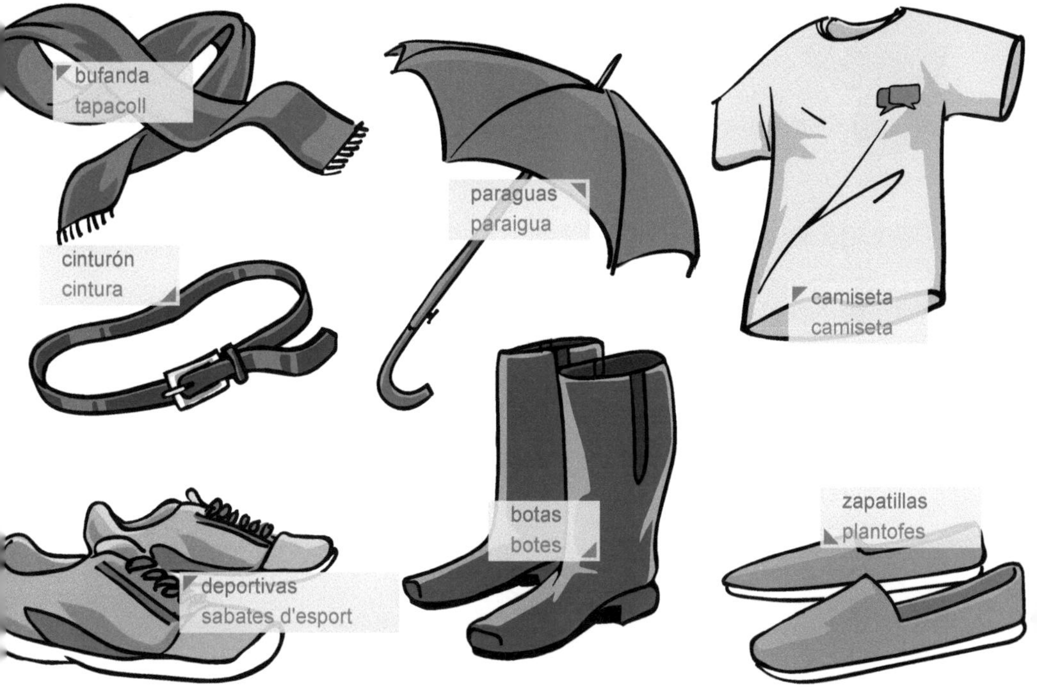

bufanda
tapacoll

paraguas
paraigua

camiseta
camiseta

cinturón
cintura

botas
botes

zapatillas
plantofes

deportivas
sabates d'esport

sandalias
....
sandàlies

zapatos
....
sabates

botas de goma
....
botas de goma

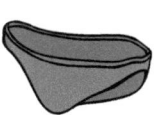

slip
....
calçonets

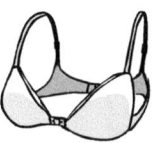

sostén
....
sostenidor

chaleco
....
guardapits

bodi

jjustacòs

pantalones

pantalons

vaqueros

jeans

falda

faldeta

blusa

brusa

camisa

camisa

jersey

jersei

suéter

dessuadora

blazer

blazer

chaqueta

jaqueta

abrigo

mantell

gabardina

impermeable

traje

vestit de dona

vestido

vestit de dona

vestido de novia

vestit de núvia

traje

vestit d'home

camisón

camisa de dormir

pijama

pijama

sari

sari

bandana

mocador de cap

turbante

turbant

burka

burca

caftán

caftan

abaya

abaia

traje de baño

vestit de bany

bañador

calçon(et)s de bany

pantalones cortos

pantalons curts

chándal

xandall

delantal

davantal

guantes

guants

botón

botó

gafas

ulleres

brazalete

braçalet

collar

collaret

anillo

anell

pendiente

orellera

gorra

casquet

percha

penjador

sombrero

capell

corbata

corbata

cremallera

cremallera

casco

casc

tirantes

elàstics

uniforme escolar

uniforme escolar

uniforme

uniforme

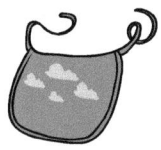

babero
pitet

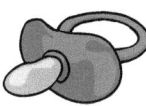

maniquí
xumet

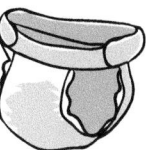

pañal
bolquer

oficina

oficina

servidor
servidor
archivo
armari arxivador
impresora
impressora
papel
paper
monitor
monitor
escritorio
escriptori
ratón
ratolí
carpeta
arxivador
teclado
teclat
papelera
paperera
ordenador
ordinador
silla
cadira

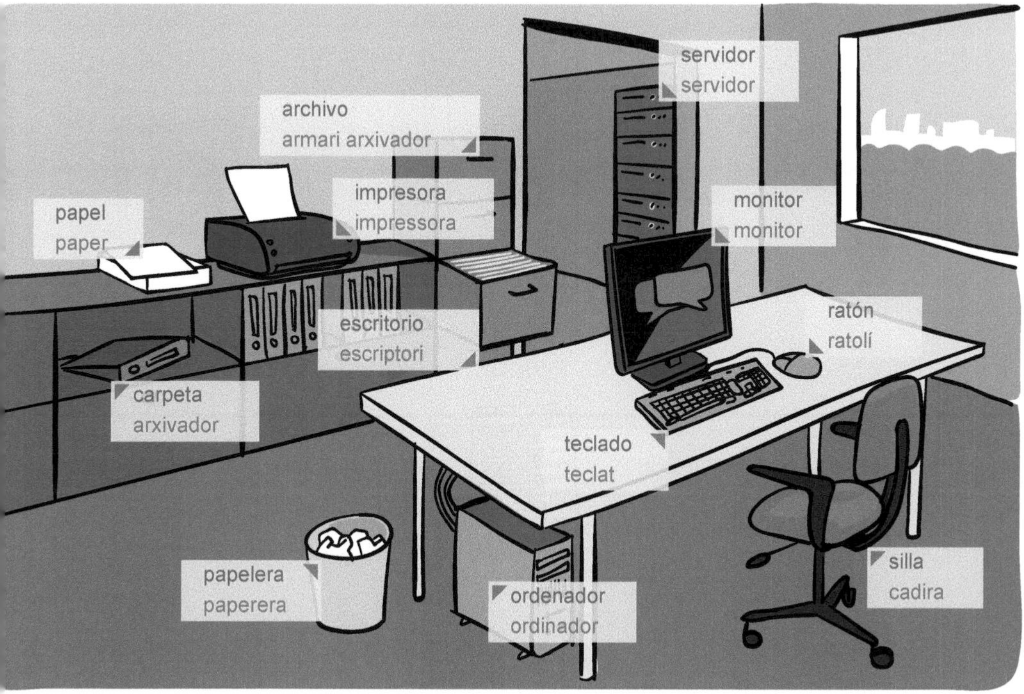

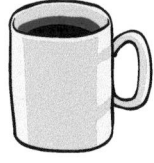

taza de café
tassa de cafè

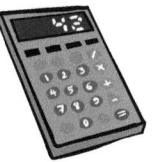

calculadora
calculadora

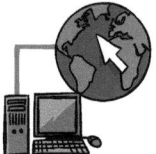

internet
Internet

portátil

ordinador portàtil

carta

lletra

mensaje

missatge

móvil

mòbil

red

xarxa

fotocopiadora

fotocopiadora

software

programari

teléfono

telèfon

toma de corriente

presa de corrent

fax

fax

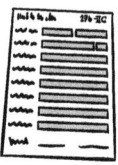

formulario

formulari

documento

document

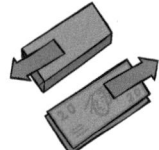

comprar
comprar

pagar
pagar

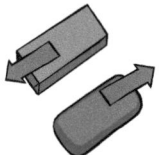

comerciar
comerciar

dinero
diners

dólar
dòlar

euro
euro

yen
ien

rublo
ruble

franco suizo
franc suís

renminbi yuan
renminbi

rupia
rupia

cajero automático
caixa automàtica

oficina de cambio de divisas

oficina de canvi

oro

or

plata

argent

petróleo

petroli

energía

energia

precio

preu

contrato

contracte

impuesto

impost

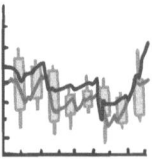

acción

acció

trabajar

treballar

empleado

treballador

empleador

empresari

fábrica

fàbrica

tienda

botiga

economía - economia

oficios
oficis

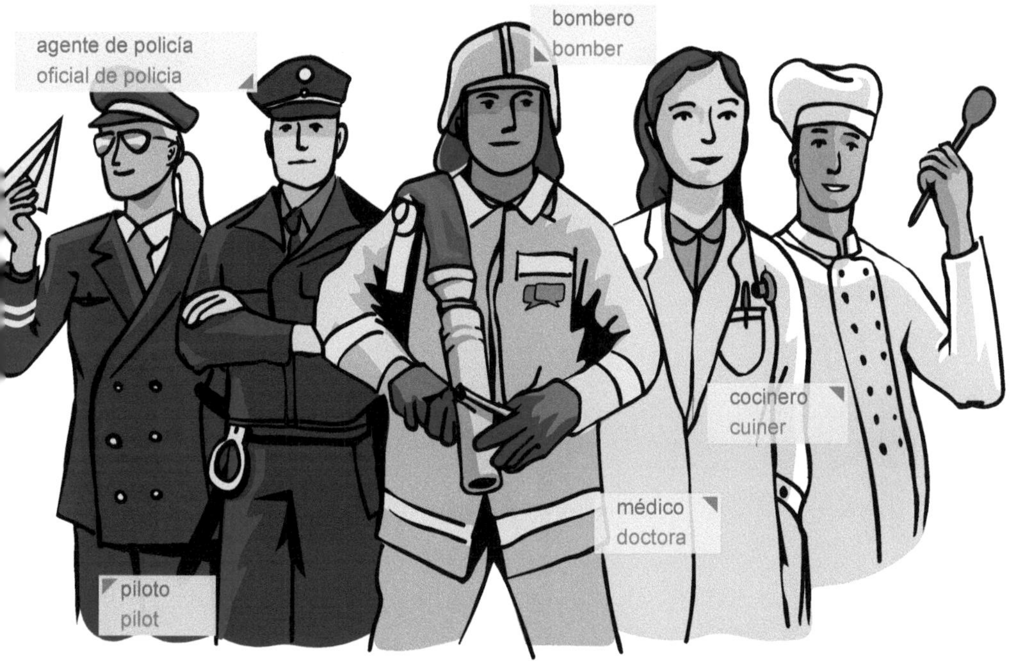
agente de policía
oficial de policia
bombero
bomber
cocinero
cuiner
médico
doctora
piloto
pilot

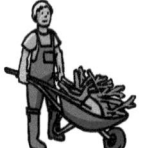

jardinero

jardiner

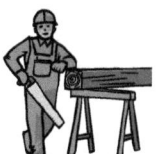

carpintero

fuster

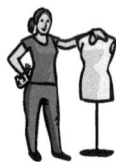

costurera

costurera

juez

jutge

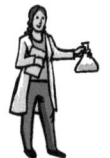

farmacéutico

química

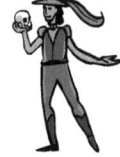

actor

actor

conductor de autobús

conductor d'autobús

taxista

taxista

pescador

pescador

señora de la limpieza

dona de la neteja

techador

ensostrador

camarero

cambrer

cazador

caçador

pintor

pintor

panadero

forner

electricista

electricista

obrero

obrer de la construcció

ingeniero

enginyer

carnicero

carnisser

fontanero

llanterner

cartero

correu

soldado

soldat

arquitecto

arquitecte

cajero

caixera

florista

florista

peluquero

perruquer

revisor

revisor

mecánico

mecànic

capitán

capità

dentista

dentista

científico

científic

rabino

rabí

imán

imam

monje

monjo

sacerdote

capellà

herramientas
eines

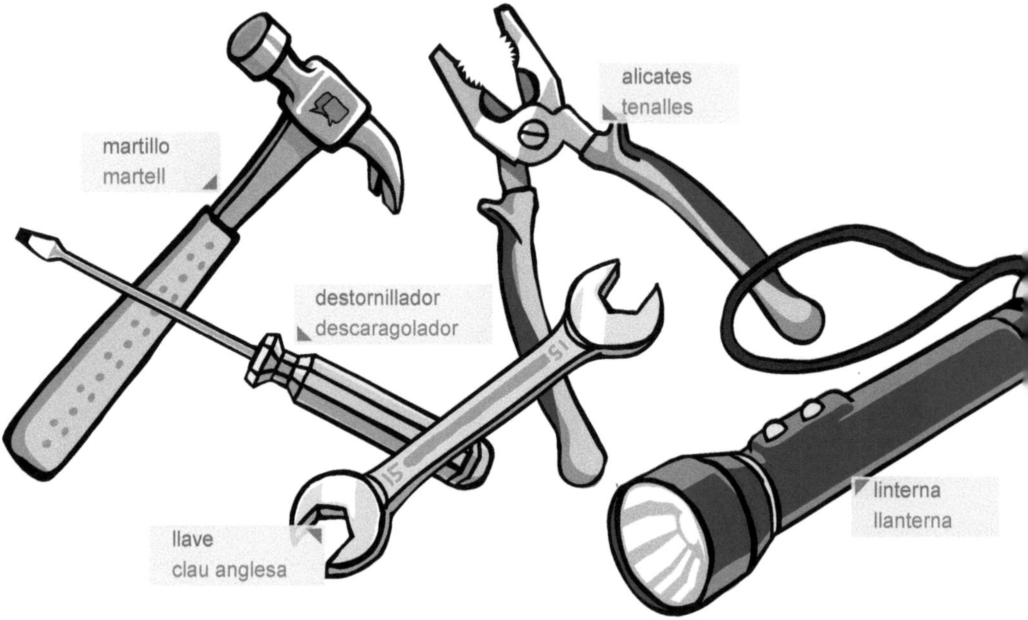
martillo
martell
alicates
tenalles
destornillador
descaragolador
llave
clau anglesa
linterna
llanterna

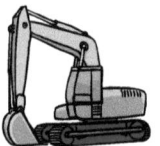

excavadora
excavadora

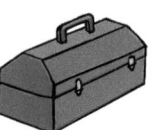

caja de herramientas
caixa d'eines

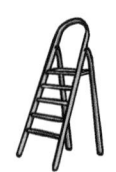

escalera de mano
escala

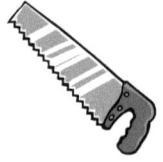

sierra
serra

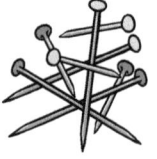

clavos
claus

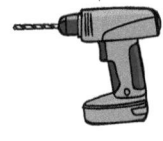

taladro
trepant

reparar
....
reparar

pala
....
pala

¡Maldita sea!
....
Maleït siga!

recogedor
....
pala

bote de pintura
....
pot de pintura

tornillos
....
caragols

instrumentos musicales
instrument de música

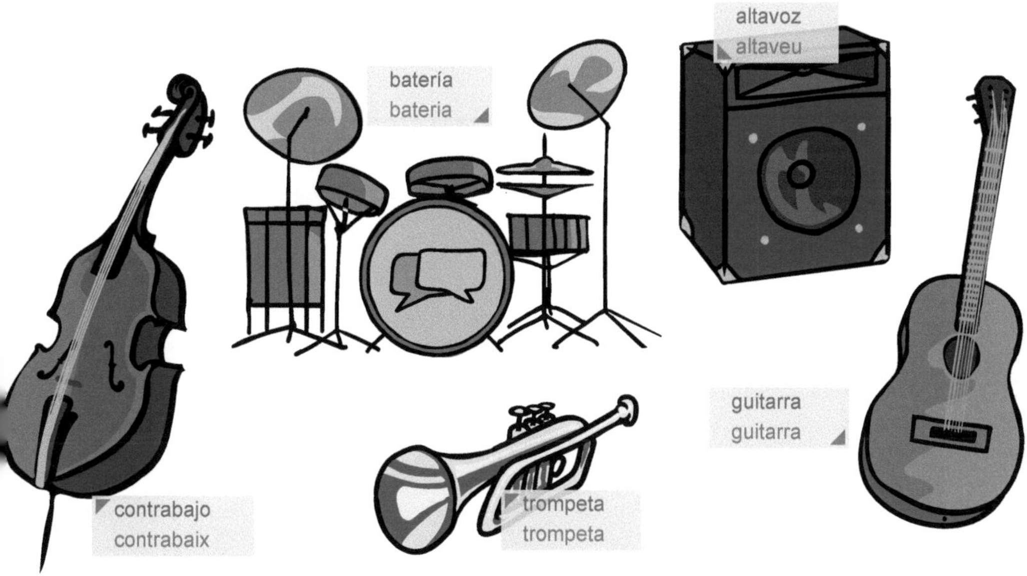

batería
bateria

altavoz
altaveu

guitarra
guitarra

contrabajo
contrabaix

trompeta
trompeta

piano
....
piano

violín
....
violí

bajo
....
baix

timbales
....
timbal

tambor
....
tambor

teclado
....
teclat

saxofón
....
saxofon

flauta
....
flauta

micrófono
....
micròfon

ZOO

ZOO

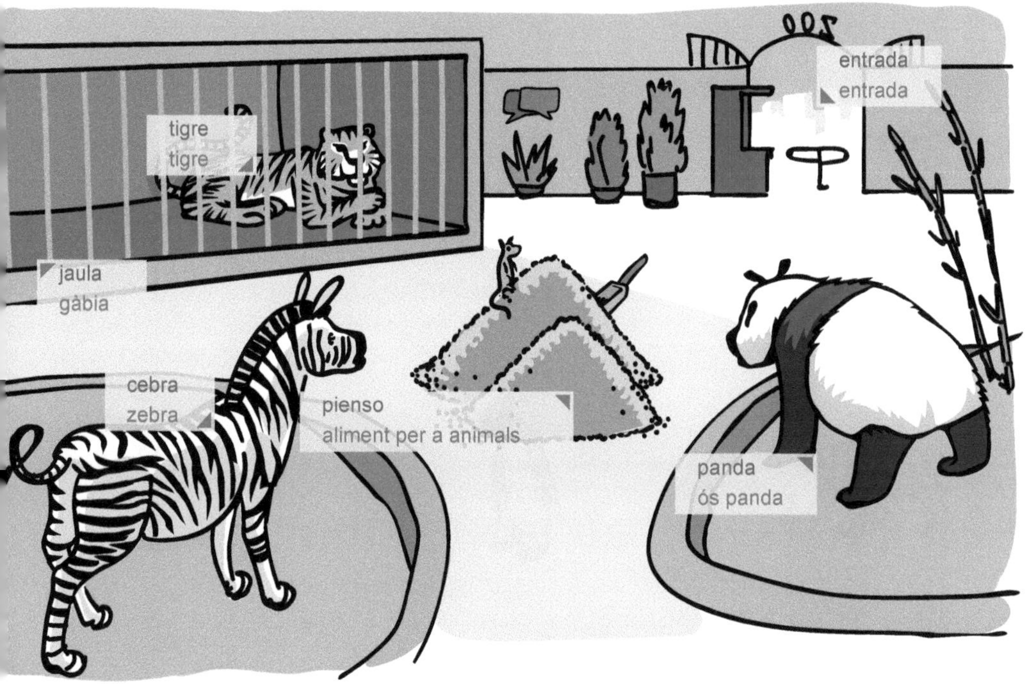
tigre
tigre
entrada
entrada
jaula
gàbia
cebra
zebra
pienso
aliment per a animals
panda
ós panda

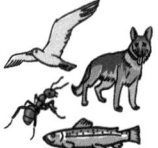

animales

animals

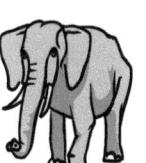

elefante

elefant

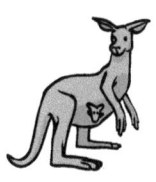

canguro

cangurú

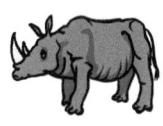

rinoceronte

rinoceront

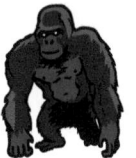

gorila

goril·la

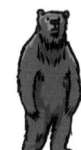

oso

ós

camello

camell

avestruz

estruç

león

lleó

mono

simi

flamingo

flamenc

loro

papagai

oso polar

ós polar

pingüino

pingüí

tiburón

ca mari

pavo real

paó

serpiente

serp

cocodrilo

cocodril

guardián de zoológico

guardià del zoo

foca

foca

jaguar

jaguar

poni
poni

leopardo
lleopard

hipopótamo
hipopòtam

jirafa
girafa

águila
àliga

jabalí
senglar

pescado
peix

tortuga
tortuga

morsa
morsa

zorro
guineu

gacela
gasela

fútbol americano
futbol americà

ciclismo
ciclisme

tenis
tenis

baloncesto
bàsquet

natación
natació

boxeo
boxa

hockey sobre hielo
hoquei sobre gel

fútbol
....
futbol americà

bádminton
....
bàdminton

atletismo
....
atletisme

balonmano
....
handbol

esquí
....
esquí

polo
....
polo

saltar
saltar

abrazar
abraçar

reír
riure

caminar
anar

cantar
cantar

soñar
somiar

rezar
pregar

besar
fer un petó

escribir
escriure

dibujar
dibuixar

mostrar
mostrar

empujar
pitjar

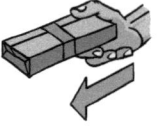

dar
donar

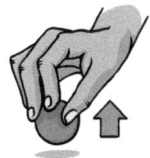

tomar
prendre

tener
tenir

hacer
fer

ser
ésser

estar de pie
estar dret

correr
córrer

tirar
estirar

tirar
llançar

caer
caure

yacer
jeure

esperar
esperar

llevar
portar

estar sentado
asseure's

vestirse
vestir-se

dormir
dormir

despertar
despertar-se

mirar
mirar

llorar
plorar

acariciar
amoixar

peinar
pentinar

hablar
parlar

entender
comprendre

preguntar
demanar

escuchar
escoltar

beber
beure

comer
menjar

ordenar
endreçar

amar
estimar

cocinar
cuinar

conducir
conduir

volar
volar

navegar

navegar

calcular

calcular

leer

llegir

aprender

aprendre

trabajar

treballar

casarse

casar-se

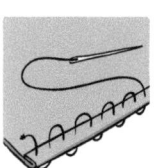

coser

cosir

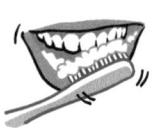

cepillarse los dientes

raspallar-se les dents

matar

matar

fumar

fumar

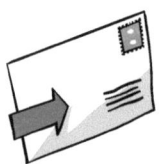

enviar

enviar

abuela
àvia

abuelo
avi

padre
pare

madre
mare

bebé
nadó

hija
filla

hijo
fill

invitado
convidat

tía
tia

tío
oncle

hermano
germà

hermana
germana

cuerpo

cos

frente
front
ojo
ull
cara
cara
barbilla
barbeta
pecho
pit
dedo
dit
mano
mà
brazo
braç
hombro
espatlla
pierna
cama

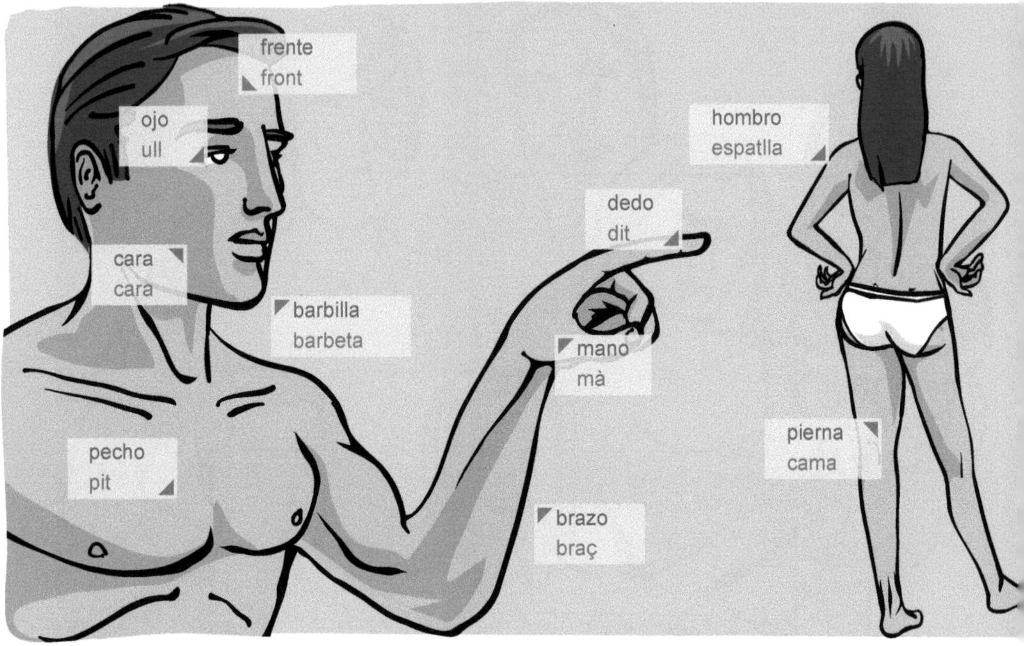

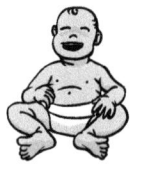

bebé

nadó

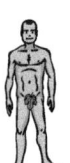

hombre

home

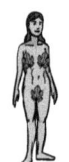

mujer

dona

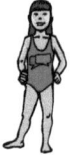

chica

noia

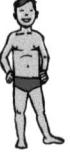

chico

noi

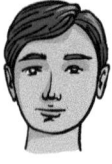

cabeza

cap

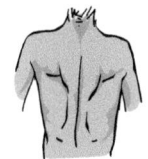

espalda

esquena

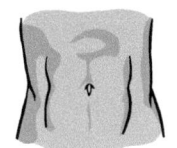

vientre

panxa

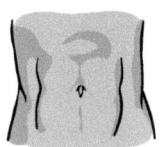

ombligo

melic

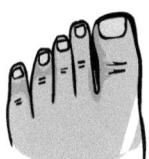

dedo del pie

dit gros del peu

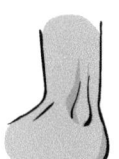

talón

taló

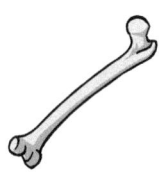

hueso

os

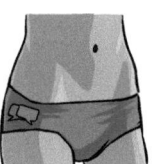

cadera

maluc

rodilla

genoll

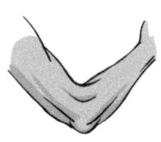

codo

colze

nariz

nas

trasero

cul

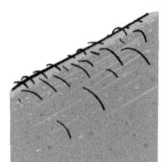

piel

pell

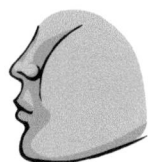

mejilla

galta

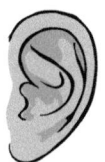

oído

orella

labio

llavi

boca
boca

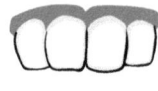

diente
dent

lengua
llengua

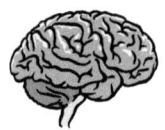

cerebro
cervell

corazón
cor

músculo
múscul

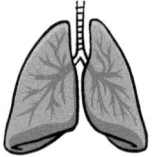

pulmón
pulmó

hígado
fetge

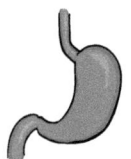

estómago
estómac

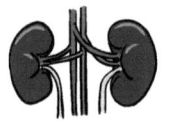

riñones
ronyó

sexo
relació sexual

condón
preservatiu

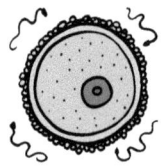

ovario
ovari

semen
semen

embarazo
prenyat

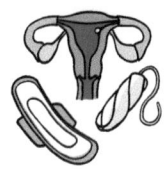

menstruación
menstruació

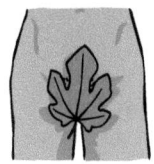

vagina
vagina

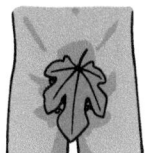

pene
penis

ceja
cella

pelo
cabells

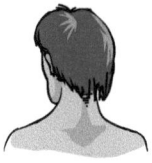

cuello
coll

hospital
hospital

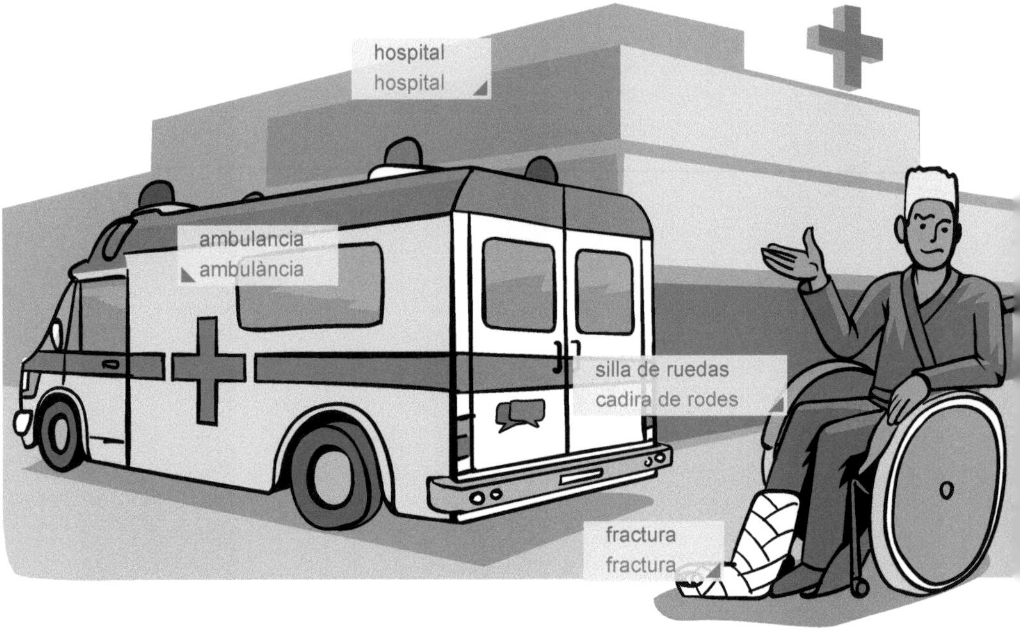

hospital
hospital
ambulancia
ambulància
silla de ruedas
cadira de rodes
fractura
fractura

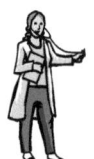

médico
doctora

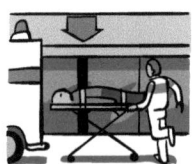

sala de urgencias
sala d'urgències

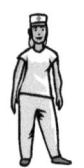

enfermera
infermera

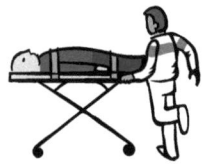

urgencia
urgència

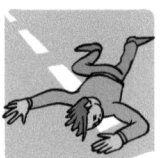

inconsciente
inconscient

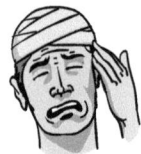

dolor
dolor

lesión

ferida

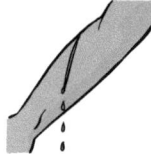

hemorragia

sagnament

infarto

atac de cor

ictus

apoplexia

alergia

al·lèrgia

tos

tos

fiebre

febre

gripe

gripa

diarrea

diarrea

dolor de cabeza

mal de cap

cáncer

càncer

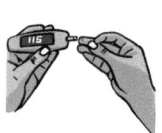

diabetes

diabetis

cirujano

cirurgià

bisturí

escalpel

operación

operació

TAC

tomografia computada (TC),
TAC

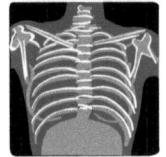

rayos x

raigs x

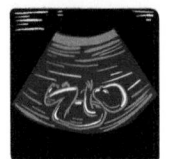

ultrasonido

ultrasò

mascarilla

mascareta

enfermedad

malaltia

sala de espera

sala d'espera

muleta

crossa

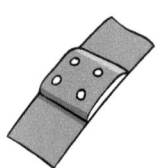

tirita

tireta

venda

embenat

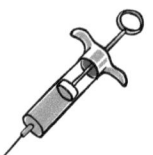

inyección

injecció

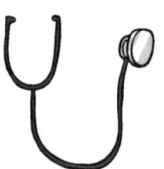

estetoscopio

estetoscopi

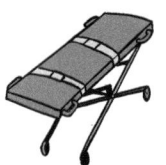

camilla

llitera

termómetro

termòmetre clínic

nacimiento

pariment

sobrepeso

sobrepès

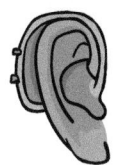

audífono
aparell auditiu

desinfectante
desinfectant

infección
infecció

virus
virus

VIH / SIDA
VIH / SIDA

medicina
medicina

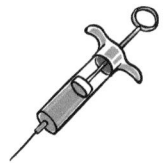

vacunación
vaccí

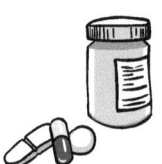

tabletas
comprimits

pastilla
píl·lola

llamada de urgencia
trucada d'urgència

tensiómetro
tensiòmetre

enfermo / sano
malalt / sà

urgencia
urgència

¡Socorro!
Socors!

alarma
alarma

asalto
assalt

ataque
atac

peligro
perill

salida de emergencia
sortida-eixida d'urgència

¡Fuego!
Foc!

extintor de incendios
extintor

accidente
accident

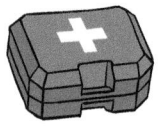

botiquín de primeros
auxilios
farmaciola de primers
auxilis

SOS
SOS

policía
policia

Europa

Europa

Norteamérica

Amèrica del Nord

Sudamérica

Amèrica del Sud

África

Àfrica

Asia

Àsia

Australia

Austràlia

Atlántico

Atlàntic

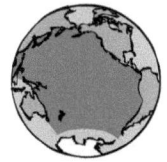

Pacífico

Pacífic

Océano Índico

Oceà Índic

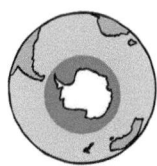

Océano Antártico

Oceà Antàrtic

Océano Ártico

Oceà Àrtic

polo norte

pol nord

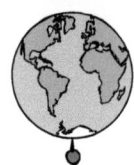

polo sur

pol sud

Antártida

Antàrtida

tierra

terra

tierra

país

mar

mar

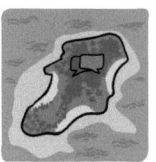

isla

illa

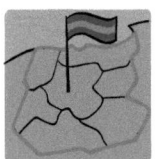

nación

nació

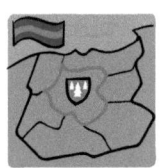

estado

estat

tierra - terra

esfera

quadrant

manecilla de las horas

agulla de les hores

minutero

agulla dels minuts

segundero

agulla dels segons

¿Qué hora es?

Quina hora és?

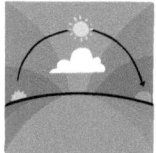

día

dia

tiempo

temps

ahora

ara

reloj digital

rellotge digital

minuto

minut

hora

hora

semana

setmana

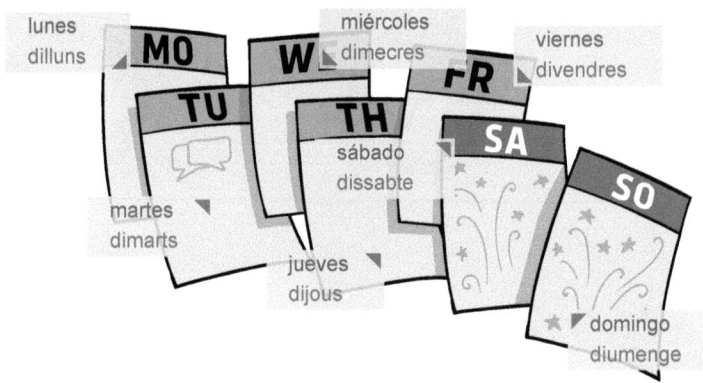

lunes / dilluns — MO
martes / dimarts — TU
miércoles / dimecres — W
jueves / dijous — TH
viernes / divendres — FR
sábado / dissabte — SA
domingo / diumenge — SO

ayer
ahir

hoy
avui

mañana
demà

mañana
matí

mediodía
migdia

tarde
tarda

días laborables
dia feiner

fin de semana
cap de setmana

año

any

arcoíris
arc de Sant Martí
lluvia
pluja
nieve
neu
viento
vent
primavera
primavera
otoño
tardor
verano
estiu
invierno
hivern

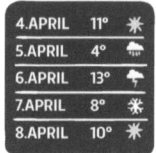

4.APRIL 11°
5.APRIL 4°
6.APRIL 13°
7.APRIL 8°
8.APRIL 10°

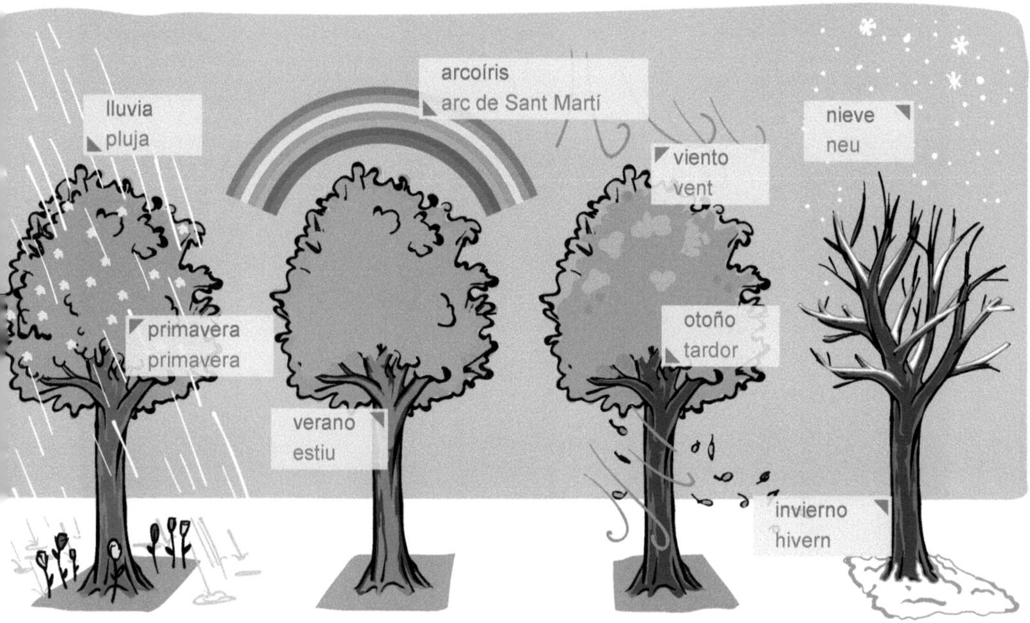

pronóstico del tiempo

pronòstic del temps

F
C
120
90
60
30
0
-30
40
30
20
10
0
-10
-20

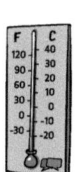

termómetro

termòmetre

sol

llum del sol

nube

núvol

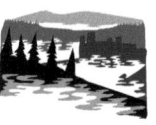

niebla

boira

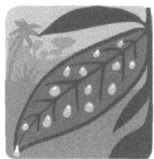

humedad

humiditat de l'aire

rayo

llamp

trueno

tro

tormenta

tempesta

granizo

calamarsa

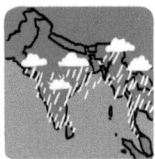

monzón

monsó

inundación

inundació

hielo

gel

enero

gener

febrero

febrer

marzo

març

abril

abril

mayo

maig

junio

juny

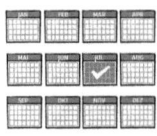

julio

juliol

agosto

agost

año - any

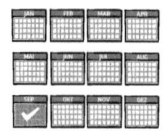

septiembre
....
setembre

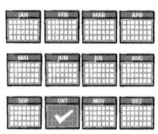

octubre
....
octubre

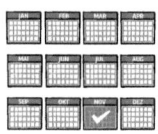

noviembre
....
novembre

diciembre
....
desembre

formas
formes

círculo
....
cercle

cuadrado
....
quadrat

rectángulo
....
rectangle

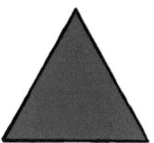

triángulo
....
triangle

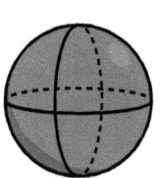

esfera
....
esfera

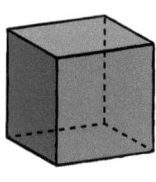

cubo
....
cub

blanco

blanc

amarillo

groc

anaranjado

taronja

rosa

rosa

rojo

vermell

morado

lila

azul

blau

verde

verd

marrón

marró

gris

gris

negro

negre

mucho / poco

molt / poc

enojado / tranquilo

emprenyat / tranquil

bonito / feo

bonic / lleig

principio / fin

començament / fi

grande / pequeño

gran / petit

claro / oscuro

clar / fosc

hermano / hermana

germà / germana

limpio / sucio

net / brut

completo / incompleto

complet / incomplet

día / noche

dia / nit

muerto / vivo

mort / viu

ancho / estrecho

ample / estret

comestible / no comestible

comestible / immenjable

malo / amable

dolent / amable

entusiasmado / aburrido

entusiasmat / entediat

gordo / delgado

gros / prim

primero / último

primer / darrer

amigo / enemigo

amic / enemic

lleno / vacío

ple / buit

duro / blando

dur / tou

pesado / ligero

pesant / lleuger

hambre / sed

gana / set

enfermo / sano

malalt / sà

ilegal / legal

il·legal / legal

inteligente / tonto

intel·ligent / ximple

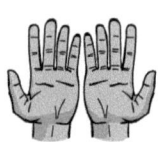

izquierda / derecha

esquerra / dreta

cerca / lejos

prop / llunyà

nuevo / usado

nou / usat

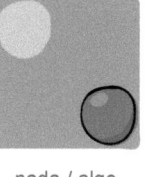

nada / algo

res / quelcom

viejo / joven

vell / jove

encendido / apagado

encès / apagat

abierto / cerrado

obert / tancat

silencioso / ruidoso

silenciós / sorollós

rico / pobre

ric / pobre

correcto / incorrecto

correcte / incorrecte

áspero / suave

aspre / suau

triste / contento

trist / content

corto / largo

curt / llarg

lento / rápido

lent / ràpid

húmedo / seco

humit / sec - eixut

cálido / frío

calent / fred

guerra / paz

guerra / pau

0

cero

zero

1

uno

u

2

dos

dos

3

tres

tres

4

cuatro

quatre

5

cinco

cinc

6

seis

sis

7

siete

set

8

ocho

vuit

9

nueve

nou

10

diez

deu

11

once

onze

12

doce

dotze

13

trece

tretze

14

catorce

catorze

15

quince

quinze

16

dieciséis

setze

17

diecisiete

disset

18

dieciocho

divuit

19

diecinueve

dinou

20

veinte

vint

100

cien

cent

1.000

mil

mil

1.000.000

millón

milió

inglés
anglès

inglés americano
anglès americà

chino mandarín
xinès mandarí

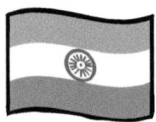

hindi
hindi

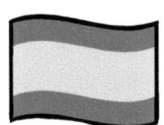

español
espanyol

francés
francès

árabe
àrab

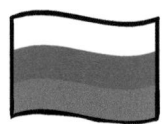

ruso
rus

portugués
portuguès

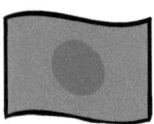

bengalí
bengalí

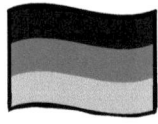

alemán
alemany

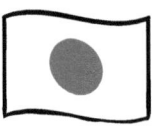

japonés
japonès

yo
jo

tú
tu

él / ella / ello
ell / ella / allò

nosotros/as
nosaltres

vosotros/as
vosaltres

ellos/as
ells

¿quién?
qui?

¿qué?
què?

¿cómo?
com?

¿dónde?
on?

¿cuándo?
quan?

nombre
nom

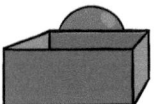

detrás

darrere

en

en

delante de

davant de

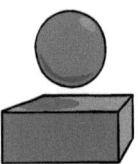

por encima de

damunt

sobre

sobre

debajo de

sota

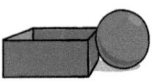

junto a

al costat

entre

entre

lugar

lloc